MW01625911

Les plus belles histoires du prince de Motordu

Pef

GALLIMARD JEUNESSE

Sommaire

Le petit Motordu

En ce temps-là, le petit Motordu
n'était pas encore
le célèbre prince de Motordu
qu'il allait devenir.

Ses parents, la comtesse
Carreau-Ligne de Motordu et son mari,
le duc S. Thomas de Motordu,
l'aimaient bien sûr de tout leur cœur.

Dès que l'enfant fut en âge
de marcher, on espéra
qu'il allait rapidement nommer
tout ce qui l'entourait.
Mais le petit Motordu ouvrait
sur le monde de grands yeux
étonnés et demeurait silencieux.

Un jour, comme son père
lui tendait les bras, le jeune prince
s'y précipita et l'embrassa
jusque dans les moustaches.
– Papa... !

Le petit prince
de Motordu parlait ! Enfin !
Son père en fut très ému,
évidemment, mais aussi
quelque peu étonné.
– Comment ?

– Papa ! répéta le bambin.
– Brave petit ! s'exclama le duc
de Motordu. Le langage est une chose
toute nouvelle pour toi, il est donc
normal que tu t'y perdes un peu.

Mais, dans la famille Motordu, on parle en mots tordus. On dit donc « tata » à son père et non « papa » ! Et celui qui voulait se faire appeler « tata » reposa son fils par terre.

– Papa ! répéta l'enfant pour la troisième fois.
– On dit « tata », répliqua aussitôt le duc, et non pas papa, pas papa !
– Papapapapapa, s'amusa le petit Motordu.

Alors le duc de Motordu, totalement découragé, s'éloigna, la larme à l'œil, préférant s'en aller arroser les fleurs de son jardin.

C’est là que le trouva son épouse Carreau-Ligne, de retour des commissions.
– Mais, mon chéri, vous avez l’alarme à l’œil ! Qui vous a volé votre bonne humeur ?

– C’est notre fils, soupira le jeune père, il n’a pas l’air normal.
– Il est salade ?
s’inquiéta la maman.
Lui avez-vous
pris sa fève ?

Le duc hocha la tête.
– Ah ! c'est la fin des haricots et je…
Mais, déjà, la mère du petit Motordu était auprès de son fils qui cherchait son père en faisant un bruit bizarre avec sa bouche :
– Papa ?
– … iapapa ouïapapapa ?

Le cœur de la comtesse se serra douloureusement mais elle n'en laissa rien paraître.
– Mon tendre amour, regarde ce que je t'ai rapporté du marché.

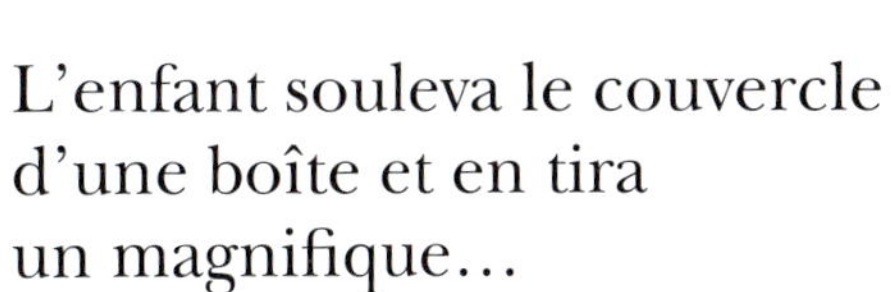

L'enfant souleva le couvercle d'une boîte et en tira un magnifique…
– Chapeau ! s'exclama-t-il.

– Ah non ! rectifia sa mère,
je t'ai offert un château.
Ainsi ta tête sera-t-elle
à l'abri du méchant soleil
et de la méchante pluie.
– Chapeau ! chapeau !
s'obstina l'enfant.

Les parents du petit prince attendirent
que l'enfant soit bien endormi
pour discuter de ce grave problème.
Le duc se lamentait :
– Notre fils à nous, les Motordu,
ne parle pas tordu ! Ce n'est pas
normal, quel malheur !
La comtesse essaya de le consoler :
– Il va peut-être faire des progrès,
et tout va s'arranger, espérons-le !
Mais le duc n'était pas convaincu.

– Tout de même, mettre un chapeau
sur sa tête, c'est grave ! Mon fils
n'est pas notre fils !
Carreau-Ligne lui tapota la main :
– Allons, votre mauvais sang me fait
beaucoup de veine !

Mais le duc, déjà, pensait à l'avenir :
– Ce petit ne prendra aucun plaisir à apprendre par peur la fable du corbeau et du renard !
– Alors que la table du corps gros et du gros lard, quelle rigolade ! pouffa la comtesse.

Le lendemain, les parents emmenèrent le petit prince en promenade.
– Mon chéri, regarde ces boules, dans le pré, dit la maman. Elles sont drôlement polies, elles roulent, roulent, pour que les œufs de toutes ces boules soient bien ronds, bien doux, bien polis.

– Jolies poules ! cria l'enfant.
– Polies boules ! cria plus fort le père en secouant la poulette pliante qui transportait son fils.
– Jolies poules !
– Crotte, crotte, crotte, colère ! hurla le duc.

Le retour à la maison s'effectua rapidement.
– Mais on ne lui a pas encore montré les cheveux, les bâches, les cafards ! protestait la comtesse.
– Les chevaux, les vaches et les canards ! corrigeait son fils.

Le duc se désolait encore.
– Si au moins il disait les dadas, les meuh-meuh et les coin-coin, il y aurait un peu d'espoir ! Mais c'est à croire que notre fils ne voit pas les mêmes choses que nous. S'il ne devient pas rapidement tordu, sa vie sera un enfer.

Alors, le lendemain, les pauvres parents du petit Motordu enfermèrent celui-ci dans une chambre qu'ils avaient à moitié remplie de chapeaux de toutes les formes, de toutes les tailles et de toutes les couleurs.

– Ah, tu veux des chapeaux, rugit le père, eh bien, en voilà. J'espère que tu en auras une indigestion, mauvais fils !

Et le duc et la comtesse de Motordu refermèrent la chambre de leur fils. Puis ils montèrent sur un bateau à carreaux blancs et noirs et entamèrent une partie de rames. Mais le cœur n'y était pas et ils retournèrent près de leur jeune enfant, devant l'entrée de sa chambre.

– Tu peux sortir, annoncèrent-ils enfin, c'est ouvert.
– Non, c'est tout bleu, fit une petite voix derrière la porte.
Les parents sursautèrent.
Avaient-ils bien entendu ?

– Tu peux répéter ? supplia la mère qui n'en croyait pas ses oreilles.
C'est fermé ou c'est ouvert ?
– Non, Maman, c'est tout bleu.
De bonheur, les parents faillirent défoncer la porte.

Dans la chambre, le petit prince de Motordu avait réalisé un extraordinaire échafaudage de chapeaux.
Tendant le bras en direction de la fragile construction, il la nomma ainsi :
– Château ! château !
Le duc faillit s'évanouir.
– Mon fils, ma chair, mon sang.
Je le savais, tu es tordu, tu es sauvé !

Depuis ce jour mémorable, le petit Motordu connut une enfance normale, digne de sa famille. Tout naturellement, il chassait les perles du jardin pour mieux les entendre siffler.

Il menait au pré son petit troupeau de bâches ou de boutons et fredonnait : « Le bon roi Dagobert a pris l'autoroute à l'envers… »

Mais, pour fêter l'arrivée de son fils dans le monde des tordus, sa maman prit soin de confectionner ce fameux chapeau-château qui ne devait plus jamais quitter la tête du prince de Motordu !

La belle lisse poire du prince de Motordu

À n'en pas douter, le prince de Motordu menait la belle vie.

Il habitait un chapeau magnifique au-dessus duquel, le dimanche, flottaient des crapauds bleu blanc rouge qu'on pouvait voir de loin.

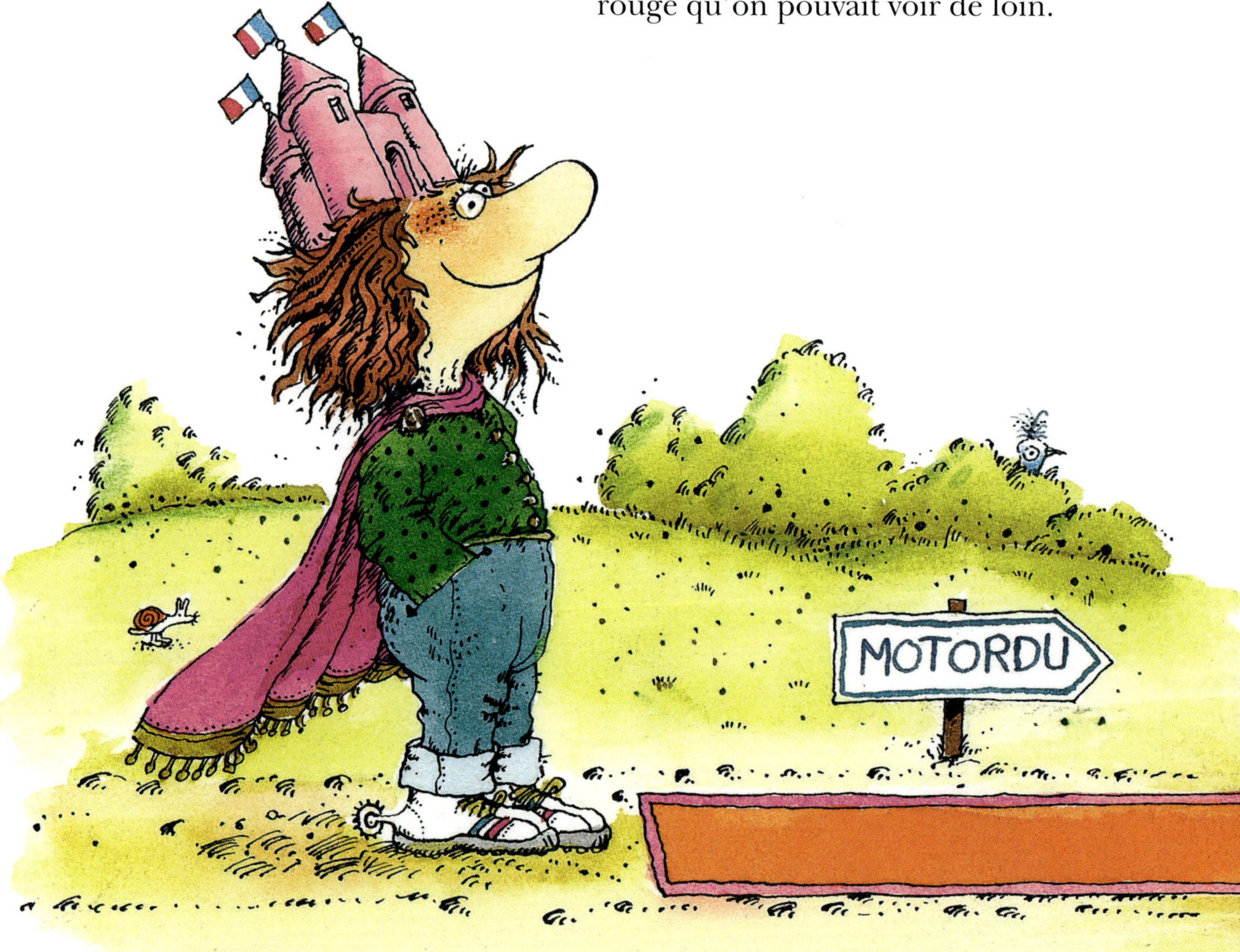

ENTREZ
59

Le prince de Motordu ne s'ennuyait jamais.
Lorsque venait l'hiver, il faisait d'extraordinaires batailles de poules de neige.

Et, le soir, il restait bien au chaud à jouer aux tartes avec ses coussins…

… dans la grande salle
à danger du chapeau.

Le prince vivait à la campagne.
Un jour, on le voyait
mener paître son troupeau
de boutons.

Le lendemain, on pouvait l'admirer
filant comme le vent sur son râteau à voile.

Et, quand le dimanche
arrivait, il invitait
ses amis à déjeuner.
Le menu était copieux :

Un jour, le père du prince de Motordu, qui habitait le chapeau voisin, dit à son fils :
– Mon fils, il est grand temps de te marier.
– Me marier ? Et pourquoi donc, répondit le prince, je suis très bien tout seul dans mon chapeau.
Sa mère essaya de le convaincre :
– Si tu venais à tomber salade, lui dit-elle, qui donc te repasserait ton singe ? Sans compter qu'une épouse pourrait te raconter de belles lisses poires avant de t'endormir.

Le prince se montra sensible à ces arguments et prit la ferme résolution de se marier bientôt.

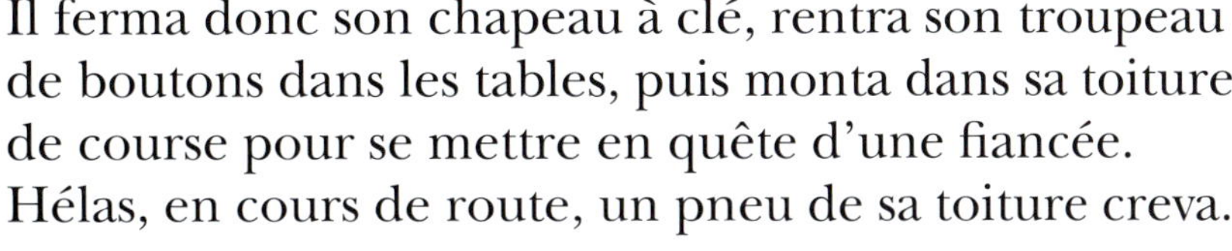

Il ferma donc son chapeau à clé, rentra son troupeau de boutons dans les tables, puis monta dans sa toiture de course pour se mettre en quête d'une fiancée. Hélas, en cours de route, un pneu de sa toiture creva.

– Quelle tuile ! ronchonna le prince, heureusement que j'ai pensé à emporter ma boue de secours.

Au même moment, il aperçut une jeune flamme qui avait l'air de cueillir des braises des bois.

– Bonjour, dit le prince en s'approchant d'elle, je suis le prince de Motordu.
– Et moi, je suis la princesse Dézécolle et je suis institutrice dans une école publique, gratuite et obligatoire, répondit l'autre.
– Fort bien, dit le prince, et que diriez-vous d'une promenade dans ce petit pois qu'on voit là-bas ?

– Un petit pois ? s'étonna la princesse, mais on ne se promène pas dans un petit pois ! C'est un petit bois qu'on voit là-bas.

– Un petit bois ? Pas du tout, répondit le prince, les petits bois, on les mange. J'en suis d'ailleurs friand et il m'arrive d'en manger tant que j'en tombe salade. J'attrape alors de vilains moutons qui me démangent toute la nuit !

– À mon avis, vous souffrez de mots de tête, s'exclama la princesse Dézécolle et je vais vous soigner dans mon école publique, gratuite et obligatoire.

Il n'y avait pas beaucoup d'élèves dans l'école de la princesse et on n'eut aucun mal à trouver une table libre pour le prince de Motordu, le nouveau de la classe. Mais, dès qu'il commença à répondre aux questions qu'on lui posait, le prince déclencha l'hilarité parmi ses nouveaux camarades. Ils n'avaient jamais entendu quelqu'un parler ainsi !

Quant à son cahier, il était, à chaque ligne, plein de taches et de ratures : on eût dit un véritable torchon. Mais la princesse Dézécolle n'abandonna pas pour autant. Patiemment, chaque jour, elle essaya de lui apprendre à parler comme tout le monde.

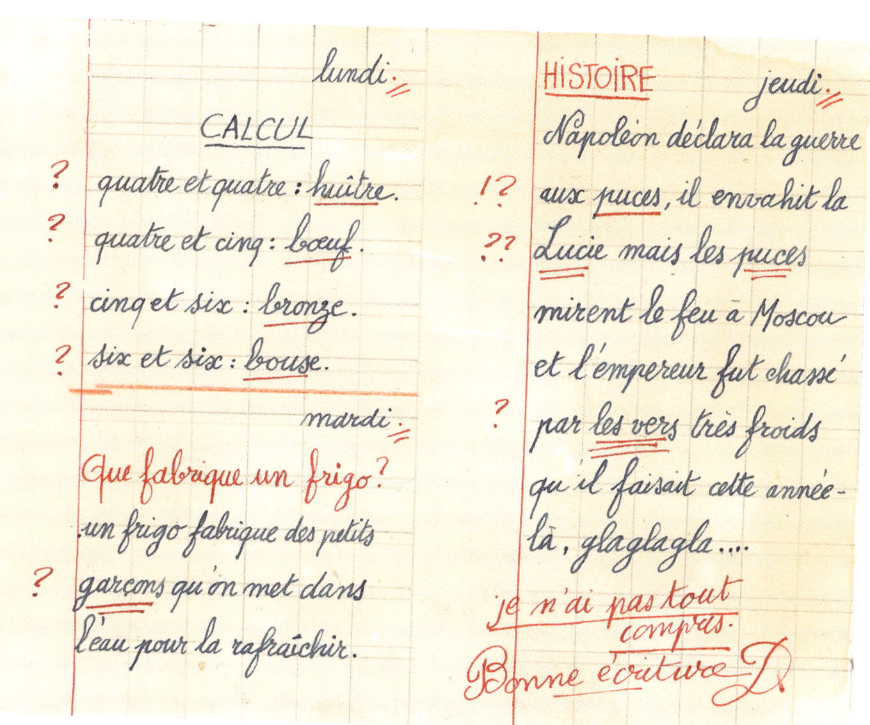

lundi

CALCUL

? quatre et quatre : huître.
? quatre et cinq : bœuf.
? cinq et six : bronze.
? six et six : bouse.

mardi

Que fabrique un frigo?
un frigo fabrique des petits
? garçons qu'on met dans
l'eau pour la rafraîchir.

HISTOIRE

jeudi

Napoléon déclara la guerre
!? aux puces, il envahit la
?? Lucie mais les puces
mirent le feu à Moscou
et l'empereur fut chassé
? par les vers très froids
qu'il faisait cette année-
là, glaglagla....

je n'ai pas tout compris.
Bonne écriture D.

– On ne dit pas : j'habite
un papillon, mais j'habite
un pavillon.

Peu à peu, le prince de Motordu, grâce aux efforts constants de son institutrice, commença à faire des progrès.
Au bout de quelques semaines, il parvint à parler normalement, mais ses camarades le trouvaient beaucoup moins drôle depuis qu'il ne tordait plus les mots.

À la fin de l'année, cependant, il obtint le prix de camaraderie car, comme il était riche, il achetait chaque jour des kilos de bonbons qu'il distribuait sans compter.

Lorsqu'il revint chez lui, après avoir passé une année en classe, le prince de Motordu avait complètement oublié de se marier.

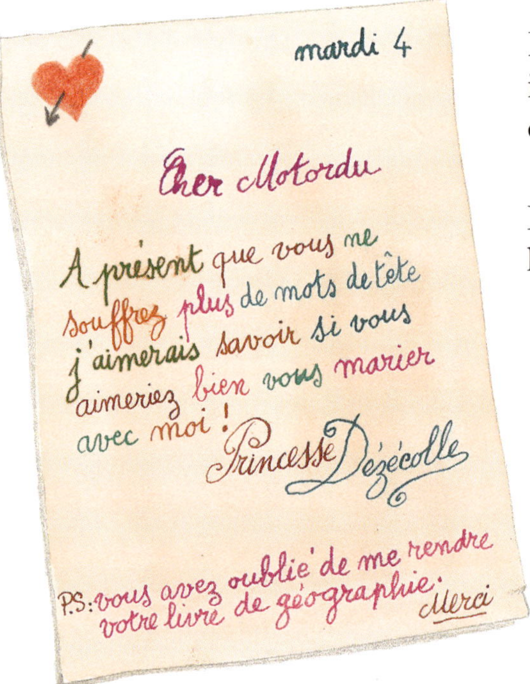

mardi 4

Cher Motordu

A présent que vous ne souffrez plus de mots de tête j'aimerais savoir si vous aimeriez bien vous marier avec moi !

Princesse Dézécolle

PS: vous avez oublié de me rendre votre livre de géographie. Merci

Mais, quelques jours plus tard,
il reçut une lettre
qui lui rafraîchit la mémoire.

Il s'empressa d'y répondre,
le jour même.

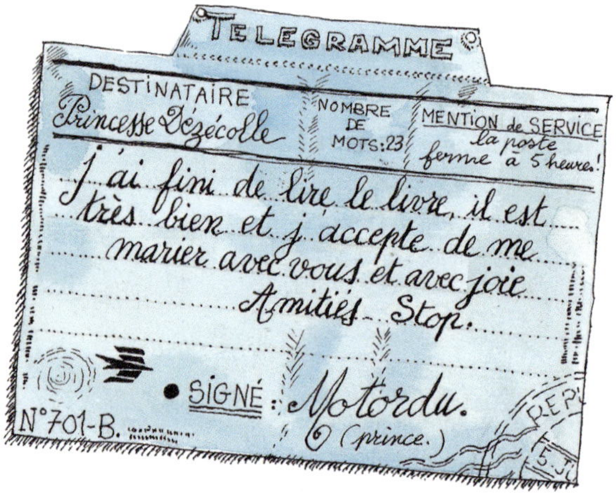

TELEGRAMME
DESTINATAIRE Princesse Dézécolle
NOMBRE DE MOTS: 23
MENTION de SERVICE la poste ferme à 5 heures!
J'ai fini de lire le livre, il est très bien et j'accepte de me marier avec vous et avec joie. Amitiés. Stop.
SIGNÉ: Motordu. (prince.)
N°701-B.

Et c'est ainsi que le prince
de Motordu épousa la princesse
Dézécolle. Le mariage eut lieu
à l'école même et tous les élèves
furent invités.

Un soir, la princesse
dit à son mari :
– Je voudrais des enfants.

– Combien ? demanda
le prince qui était en train
de passer l'aspirateur.

– Beaucoup, répondit la princesse, plein de petits glaçons et de petites billes.
Le prince la regarda avec étonnement, puis il éclata de rire.

– Décidément, dit-il, vous êtes vraiment la femme qu'il me fallait, madame de Motordu. Soit, nous aurons des enfants et, en attendant qu'ils soient là, commençons dès maintenant à leur tricoter des bulles et des josettes pour l'hiver…

Motordu papa

Le prince de Motordu et la princesse Dézécolle étaient à présent mariés.

Ils habitaient toujours leur magnifique chapeau.

Tous deux avaient de quoi s'occuper. Le prince adorait pêcher son jardin.

Mais, s'il pleuvait, il remettait à neuf sa bicyclette en lui donnant un bon coup de ceinture.

Quant à la princesse, elle tricotait ou faisait de la coupure. Mais son mari de prince veillait sur elle.
– Ne vous coupez pas avec vos ciseaux, ma chère épouse. Dans votre état il faut faire très attention !

Il avait bien raison : la princesse Dézécolle attendait la venue au monde de son dédé. Elle le désirait tant, ce premier garçon, qu'elle envisageait de l'appeler Désiré.

Le prince de Motordu s'inquiétait déjà du petit bout d'homme qui allait naître. Tout en se lavant les pieds, il se disait que les princes n'étaient plus les maîtres du monde et que son fils devrait travailler dur pour gagner sa vie.

« Sera-t-il poulanger ? »
Le prince imaginait déjà son rejeton transformant des sacs de famine en appétissantes poules de pain pour apaiser la faim des habitants de toute la région.

« Ou alors, envisageait le futur papa, il se spécialisera dans la chirurscie esthétique. Quel beau métier, un Motordu, armé d'une scie, raccourcissant les nez trop longs de belles clientes ! »

« Mais peut-être mènera-t-il la danse au ballet de justice, poursuivant les criminels ou défendant les pauvres innocents ? »

Le prince de Motordu rêvait encore : « Je le verrais bien mécanichien-chef, dans un garage, dénichant les pannes, couché, à l'ombre, sous les voitures. »

– Ne vous en faites pas, le rassurait sa femme en lui essuyant les crocs orteils, il sera comme vous, il mordra la vie à pleines dents.

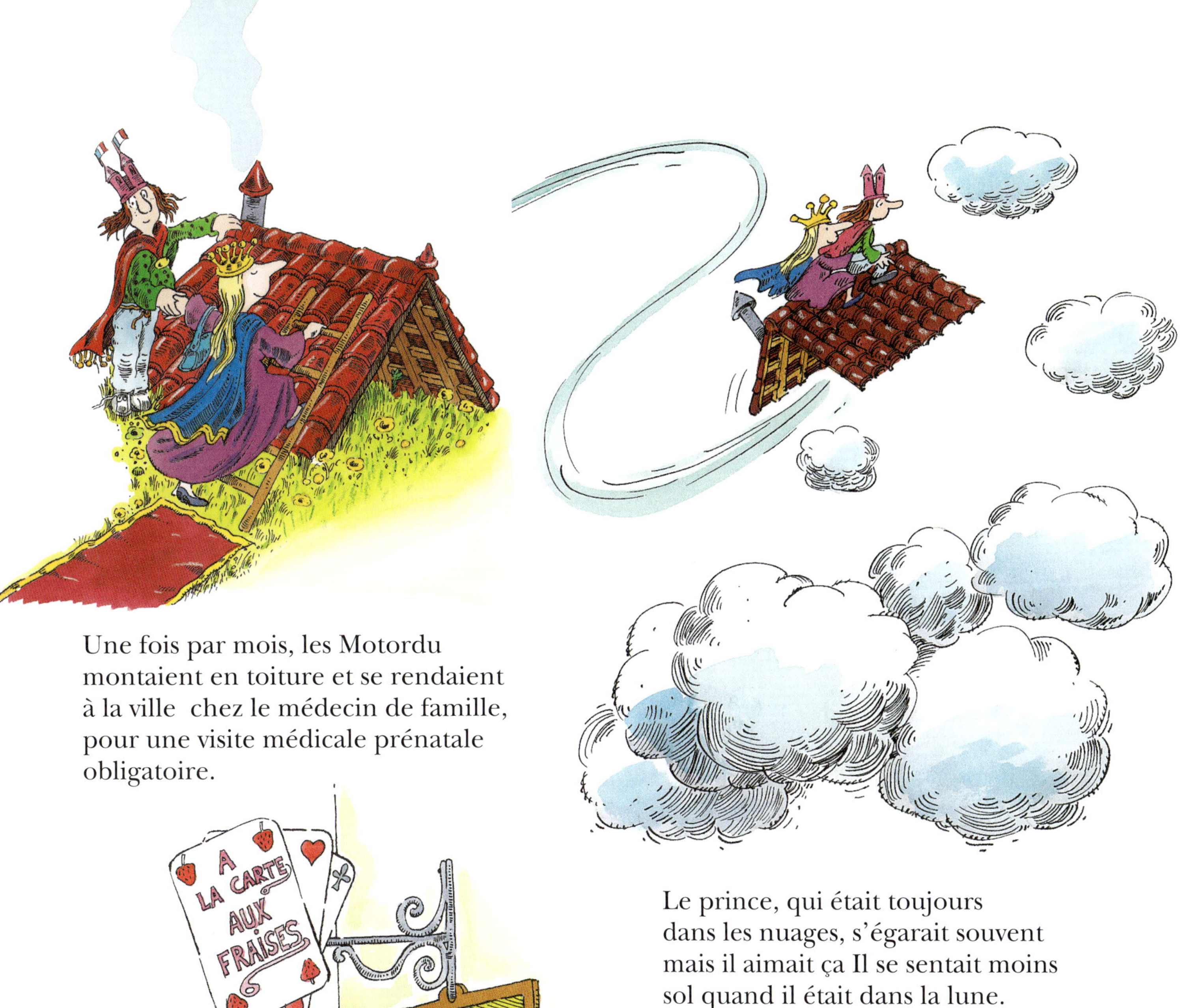

Une fois par mois, les Motordu montaient en toiture et se rendaient à la ville chez le médecin de famille, pour une visite médicale prénatale obligatoire.

Le prince, qui était toujours dans les nuages, s'égarait souvent mais il aimait ça Il se sentait moins sol quand il était dans la lune.
– Toujours tout roi, mon tordu de prince ! lui rappelait simplement la future maman.

Une fois la visite terminée, le prince invitait la princesse dans une pâtisserie pour lui offrir de délicieux bateaux.

– Je ne sais si je dois, minaudait la princesse.
– Allons, allons, l'encourageait son mari, la mer, les bateaux, tout ça va très bien ensemble !
– Avez-vous appelé vos parents ? lui demandait ensuite la princesse.

Invariablement, le prince de Motordu répondait qu'il ne possédait pas de téléphone pour table mais qu'il allait bien trouver une cabane téléphonique.

Ainsi, le prince rassurait-il son papa et sa maman, leur expliquant que le dédé se développait normalement.
– La princesse aussi, ajoutait-il. On va bientôt la coucher, comme prévu.

Au chapeau, les soirées étaient calmes.
– Irai-je à la clinique ou à la maternité de l'hôpital, pour faire mon dédé ? s'interrogeait la princesse.

Pour le prince, il n'y avait aucun doute :
– Tous nos ancêtres sont nés au chapeau, sous ce doigt ! C'est ici qu'en bon Motordu, on pouce ses premiers cris.

Et le prince poursuivait la construction du cerceau dans lequel dormirait son fils, découpant aussi avec zèle, dans de vieux mouchoirs, les futures mouches-culottes du dédé.

Par un plus vieux matin du mois de mai, la princesse Dézécolle sentit que son enfant allait venir au monde.

Et du monde, il y en avait, dans la chambre. Docteur de famille, sage-femme et infirmières avaient pris leur service dans cette vraie station de naissance.

Le dédé naquit à huit heures. Le soleil lui envoya un peu de sa lumière, puis reprit sa place, discrètement, derrière les nuages.

Mais le petit être avait déjà refermé ses yeux trop éblouis.
– Je comprends, regretta Motordu, il devait s'agir d'un rayon de sommeil.

– C'est bien un glaçon ! annonça la sage-femme en lui donnant de petites tapes sur les fesses, histoire de les réchauffer.

– Le prénommerons-nous Désiré ? s'enquit la princesse Dézécolle. Mais le prince de Motordu réfléchissait.

– Ce nouveau-nez m'en rappelle un autre, celui de mon grand-père Nicolas. Nous donnerons donc à ce gamin le prénom de Nid-de-Koala.

On autorisa alors la famille à pénétrer dans la chambre.
– Il a les oreilles de sa mamie ! s'écria la mère de Motordu.
– Et les talons de son cousin, assura la sœur de la princesse.

Un proche neveu craignit un instant que ce petit Nid-de-Koala-là ne lui prenne un jour tous ses jouets.

Alors le prince de Motordu éclata de rire.

– Le voleur n'attend pas le nombre des années ? Rassurez-vous tous, ce bébé n'a rien dérobé. Il est lui-même, de la tête aux pieds. C'est ce qui fait sa valeur. Et maintenant, amusons-nous en musique.

La princesse Dézécolle, avec émotion, présenta son fils à chaque invité. Une très vieille dame fit remarquer que tous les bébés nés en mai étaient du signe du Taureau.

La fête au chapeau fit tourner bien des têtes. Le père du prince de Motordu joua du panneau à queue et son épouse, de la carpe.

– Certainement, certainement, pouffa le prince de Motordu, mais le mien sera plutôt du signe du Tonneau, tant il va se remplir du bon lait de sa maman !

Comme s'il avait compris les propos de son papa tout neuf, le petit Nid-de-Koala se mit à pleurer très fort.

– Quel sacré braillard ! se réjouit son grand-père. Chers amis, retirons-nous, notre bébé à tous va téter sa mère.

La princesse Dézécolle dégrafa le haut de sa robe et le nouveau-nez flaira tout de suite l'odeur puis le goût du bon lait maternel.

L'ami vert cerf du prince de Motordu

Assis sur le trône de la salle à danger de son magnifique chapeau, le prince de Motordu était tout étourdi par les gesticulations de ses deux enfants :
– Arrêtez-donc de tourner autour de moi en agitant vos mains !
– Deux mains ! Deux mains... c'est deux mains ! criait Marie-Parlotte.
– Deux mains ! Deux mains... c'est deux mains ! hurlait le petit Nid-de-Koala.
– On ne dit pas : « c'est deux mains », rectifia leur papa, mais : « ce sont deux mains » que je vois là ! Voilà tout ! Et maintenant, au lit ! Oui, demain, je vous emmène aux champs mignons ou à la pêche au verre.

Les deux enfants du prince embrassèrent leur père et filèrent se coucher dans la plus haute chambre du chapeau. Ils se glissèrent sous la chouette de leur nid douillet, mais eurent bien du mal à s'endormir.
– Il l'a dit, il l'a dit ! jubila Marie-Parlotte.
– Il a dit quoi, Papa ? bâilla Nid-de-Koala.
– Il a dit demain, oui, demain !
Il ne se doute de rien, pouffa Marie-Parlotte.
Et elle ajouta :
– Bon, Nid-de-Koala, tu te rappelles par où il faut passer ?

– Mais oui, s'impatienta son frère. En sortant du chapeau, on prend le chemin, puis, à droite,
une petite année !
– Exact ! fit Marie-Parlotte. Une année de puces pour Papa. Et, au bout de cette année, une belle surprise attend notre prince de Motordu.
– Tu crois qu'il acceptera de nous suivre ? s'inquiéta Nid-de-Koala.

– Mais oui, ne t'en fais pas !
Et les deux enfants fermèrent les yeux tandis que, beaucoup plus haut, les étoiles, à régner, s'apprêtaient…

Le lendemain matin, ils retrouvèrent leur papa, son panier à champs mignons et sa canne à bêche au verre.
– Laisse tomber tout ça, Papa, ordonna Marie-Parlotte. Aujourd'hui, donne-nous tes deux mains ! Nous t'emmenons en promenade. Tiens, prenons cette année…

Ils furent bientôt dans la forêt, admirant les magnifiques chaînes dont les planches abritaient quantité d'oiseaux.
– Mais où m'emmenez-vous ? s'inquiétait Motordu.
Écoutez, j'entends galoper !

Ils furent aussitôt entourés par une petite troupe de cendriers. L'un d'eux grogna :

– Interdit de fumer en forêt !

– Mais nous ne fumons pas ! protestèrent nos trois amis.

– On ne sait jamais, fit un cendrier. Dans le cas contraire, faudra nous donner vos cendres et vos sales petits mégots !

– C'est bizarre, dit encore le prince, j'entends aussi comme de petits rires et des bruits de pas sur les feuilles. Il se retourna, mais ne vit personne.

Pourtant, se déplaçant à l'abri des chaînes, il y avait bel et bien des gens. La princesse Dézécolle, le père et la mère

de Motordu, les gardes du chapeau,
les coussins de la famille et de nombreux habits
suivaient le prince de Motordu et ses deux enfants.

– Pas de souci, Papa, le rassura Marie-Parlotte. Regarde, les choupettes sont de bonne humeur, et les chaudes-souris se rafraîchissent avec l'éventail de leurs ailes.

– Tout de même, quel endroit mi-sérieux ! remarqua le prince.
– Mi-amusant aussi, je te le promets, Papa, dit Nid-de-Koala.
Soudain, Marie-Parlotte se mit à courir.
– Ne te perds pas, cria Motordu, il fait de plus en plus ombre !

– Pas grave, lui répondit sa fille, j'ai ma boîte d'amulettes, elle me portera bonheur !
Au bout de cette mystérieuse année, une lueur éclaira doucement le visage du prince de Motordu.

Devant lui se tenait un magnifique cerf de couleur verte dont la ramure était garnie de rougies allumées par Marie-Parlotte :
– Et voilà, Papa, j'espère que tu as enfin compris !
Alors, tous ceux qui, jusqu'ici, se cachaient derrière les arbres apparurent, applaudirent et crièrent :

Bon ami vert cerf, prince de Motordu !
Joyeux happy vert cerf,
Joyeux happy vert cerf, Tordiou !

– Ainsi donc, vous êtes mon ami vert cerf, constata le prince. Vous êtes marié ?
– Oui, répondit le grand animal. À une riche qui m'a donné cent faons !
– Vous pourriez compter en euros ! plaisanta Motordu.
– Allez, les enfants, faites votre petit discours, ordonna la princesse Dézécolle.

Marie-Parlotte et le petit Nid-de-Koala déplièrent chacun une jolie feuille et prirent la parole.

Cher papa,
nous t'aimons beaucoup.
Jamais tu ne nous donnes de flaques.
même quand il pleut.
Jamais tu ne nous bottes les fesses
quand elles sont toutes sales de terre.
À la maison tu mets toujours le loup vert.
Tu casses souvent l'aspirateur en sifflotant.
Tu n'oublies jamais de sortir le singe
de la machine à baver
(et tu n'attends pas que le ciel
fasse pluie-pluie
pour laver la toiture...)
Mais tu es surtout gentil
avec la princesse Dézécolle
en lui faisant des bisous dans le doux.
POUR TOUTES CES RAISONS,
cher papa,
nous t'aimons encore plus et
nous te souhaitons
UN BON AMI VERT-CERF
Marie-Parlotte
et
NID-DE-KOALA
Jeannot

– Les rougies, les rougies, crièrent famille et amis réunis.
Le prince de Motordu gonfla sa poitrine et étreignit les rougies.
– Bravo, Papa, applaudit Marie-Parlotte, et maintenant, ton cadeau !

Le prince se pencha vers les sabots du cerf puis se redressa. Il tenait entre ses mains un magnifique baquet cadeau.
– Regarde à l'intérieur, Papa ! l'encouragea Nid-de-Koala.
– Motordu plongea les mains dans le baquet et en sortit deux magnifiques crapauds.

– Oh, comme je suis heureux ! Des crapauds, des crapauds tout neufs pour mon magnifique chapeau ! Et ce n'est pas tout. Regardez, il y a aussi une brosse pour me brosser les ans !

– Normal, pouffa Marie-Parlotte, c'est ton ami vert cerf !

Alors, le prince de Motordu embrassa tout le monde. Un de ses nobles amis, le Marron de La Châtaigne, lui posa une question :
– Ça vous fait quelle nage, cher prince ?
Le prince agita ses jambes, agita ses bras, agita ses mains et enfin ses doigts, faisant mine de compter.
– Mais enfin, qu'est-ce qui vous prend ? s'inquiéta le Marron.
– Vous me demandez quelle nage j'ai ? Eh bien, je compte les ans, les dates, vous donnant ainsi une leçon de datation !

Tout le monde applaudit et reprit le chemin du chapeau. La princesse Dézécolle s'étonna soudain :
– Personne n'a vu Marie-Parlotte ?
Il faut dire que la sœur du petit Nid-de-Koala était revenue en arrière pour profiter encore de l'ami vert cerf. Mais il avait disparu !

– Dommage, fit-elle, il n'est plus là. L'ami vert cerf de Papa est passé. Bah, on le fêtera encore l'année prochaine ! Ce ne sera plus le même, mais un autre ami vert cerf.
Et Marie-Parlotte rejoignit tous les invités.

Elle aperçut sa maman, la princesse Dézécolle, qui sautait de joie d'un pied sur l'autre, laissant admirer ses bonds cheveux tandis que Nid-de-Koala portait fièrement le baquet cadeau.

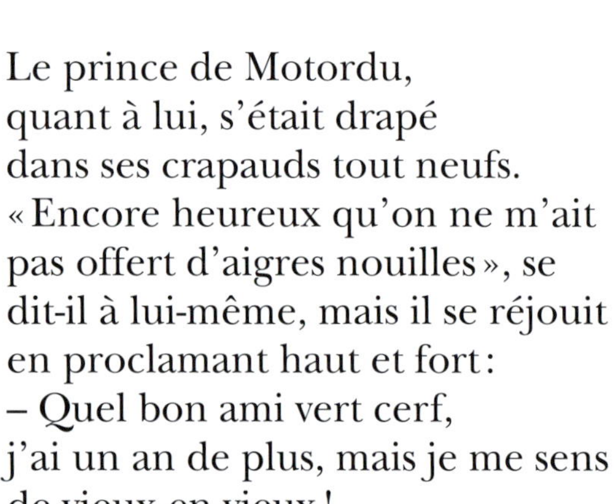

Le prince de Motordu, quant à lui, s'était drapé dans ses crapauds tout neufs. « Encore heureux qu'on ne m'ait pas offert d'aigres nouilles », se dit-il à lui-même, mais il se réjouit en proclamant haut et fort :

– Quel bon ami vert cerf, j'ai un an de plus, mais je me sens de vieux en vieux !

Le voyage en bras long de la famille Motordu

Ce matin-là, la princesse Dézécolle surveillait le petit déjeuner de ses deux enfants, Marie-Parlotte et son frère, le petit Nid-de-Koala.

– Mon garçon, nota la princesse, tu en es à ta huitième Martine ! Bois vite, ton pôle de chaud Colas va refroidir. Prends donc exemple sur ta sœur !

– Pouh, fit Nid-de-Koala, cette chochotte se contente de petits flacons de céréales. Ah, les filles…

La princesse allait lui faire les gros yeux quand un bruit de moteur la fit sursauter :

– Serait-ce une machine agricole ? À cette heure, déjà ? Sortons sur-le-champ, les enfants, et voyons ce qu'il en est.

Une fois dehors, Nid-de-Koala interpella son père, le prince de Motordu :
– Eh bien ! Papa, on dirait que tu as encore bricolé une drôle de machine à lever ou à s'élever ?

L'engin volant en question ressemblait à un immense ballon. Il se terminait par une main pointant du doigt la direction vers laquelle il avait l'intention de se diriger.
– C'est un bras long dirigeable, expliqua Motordu.
Il est équipé d'une nacelle surmontée de ma toiture de course pour abriter les passagers. J'ai même prévu un moteur !
– Qui pète comme un beau diable ! nota Nid-de-Koala.
– Tu ne crois pas si bien dire, mon fils. Pour le faire fonctionner, expliqua Motordu, il me fallait un gaz spécial. Alors, par une nuit de pleine lune, je me suis rendu au plus profond de la forêt, là où vivent ces mystérieuses créatures que sont les lutins, les gnomes et les très horribles trolls.

J'avais pris soin d'emmener de fort jolies peaux de chambre que je disposai dans une clairière. Les premiers êtres légendaires à apparaître furent les trolls. Je les connaissais déjà bien pour les avoir dénombrés. Compter mes habitants fait partie de mon travail de prince. À votre intention, mes chers petits. Vous pouvez le vérifier dans vos livres de comptes pour enfants.
Les trolls me demandèrent à quoi pouvaient bien servir ces peaux de chambre. Je leur conseillai de… de… de lâcher quelques pets sur les peaux.
– Papa, c'est dégoûtant ! protesta Marie-Parlotte.
– Non, rien de plus naturel que le gaz naturel ! Je disais donc qu'ils n'avaient qu'à… qu'à péter. Ce qu'ils firent. Puis, je bouchai les peaux de chambre…
– Et ton nez aussi ?
– … que j'emmenai aussitôt dans mon cabinet de travail.
– Pourquoi ?
– Pour que je les transvase, de nuit, dans un réservoir spécialement étudié.

– Ça devait puer !
– Tu as un sacré toupet, mon fils ! Et l'essence, elle ne pue pas ?
– Pète bien que oui… Pète bien que non, hésita Nid-de-Koala.
– Tout cela n'est-il pas dangereux ? s'inquiéta la princesse.
– Non ! répondit son époux. Par mesure de sécurité, j'inscrivis aussitôt la nature du précieux carburant sur le réservoir : P-TROLL !
Les enfants admirèrent donc l'invention de leur père :

– Tu es un génial inmenteur, Papa !
Celui-ci annonça ensuite que, dès le lendemain, toute la famille s'embarquerait pour un grand voyage autour du monde et des gens, car le monde est plein…
… de monde !
Effectivement, le matin suivant, la famille Motordu se retrouva dans la nacelle d'osier puis le prince déclara :
– À bord de ce bras long, chacun sa tache !
D'encre nous n'avons plus grand besoin.
Mais, au sol, l'encre y est encore.
À toi de la lever, matelot Nid-de-Koala !
– À vos ordres, capitaine, pouffa Nid-de-Koala.

Enfin libre, le bras long allait s'élever majestueusement dans les airs quand Marie-Parlotte fit part de ses craintes en demandant :
– Tu crois qu'il est prudent de partir, Papa ?
Le temps n'est pas clair du tout.
La blonde princesse Dézécolle intervint :
– Votre père a soigneusement consulté la météo : toutes ces brunes matinales devraient se dissiper.
– Visibilité zéro, se lamenta Nid-de-Koala, quelle purée de bois sur la forêt !
Le prince de Motordu lui tapa sur l'épaule :
– Allons, allons, il ne faut pas avoir peur du trouillard, mon fils !

– Nous voici en plein ciel, se réjouit
la princesse. Comme notre chapeau
me semble petit ! Comme les vaches
ressemblent à des boutons !
Et, poétiquement, elle ajouta :
– Regardez tous ces nuages, aujourd'hui apportés, demain enfuis…
– Raison de plus pour les étudier, décida le prince.
Tout là… oh… là, oh, admirez les scies russes aux cristaux de glace très coupants.
Et, plus bas, petits, en bandes, voici les nains bus, appelés ainsi parce qu'ils transportent quantité de pluies… passagères.
– Donc, pleines de gouttes laides pour ceux qui n'aiment pas les averses, avertit la princesse Dézécolle.

Un peu plus loin, le bras long manqua de disparaître dans une sorte de chou-fleur géant.
Heureusement, le prince de Motordu réussit à l'éviter, précisant qu'il s'agissait là d'un culbuto-nimbus, un dangereux nuage d'orage, bourré d'éclairs et de bourrasques, fort capable de faire culbuter son engin volant. Indigérable pour un dirigeable !

– Le danger est passé, le beau temps revient, regardez, il bleu, hi, hi, hi ! s'exclama la princesse, prise de fou rire.

En effet, le ciel bleu hissait sa couleur favorite.
– Chic, nous voici déjà au-dessus de la mer !
cria Nid-de-Koala.
– Et l'amer, c'est salé, prévint Marie-Parlotte.
Quelques heures plus tard, le bras long
survola une côte :

– L'amer, hic, déjà ? hoqueta Nid-de-Koala,
un peu désorienté.
– Non, une île, ou plutôt un îlot, précisa
le prince.
– Regardez, à sa surface, il n'y a
qu'une sorte d'arbres, des arbres fruitiers,
constata la princesse Dézécolle.

Le bras long se posa en douceur
et son équipage prit pied sur le sol
pour se dégourdir les jambes.
La famille Motordu fut aussitôt entourée
par les habitants de l'île, surpris, mais ravis :
– Cette terre n'a pas toujours été recouverte
de ces arbres que vous avez remarqués,
princesse, fit le plus âgé des îliens.

Il y poussait d'autres fruitiers.
Qui donnaient des noix.
Personne ne peut naviguer
sur une coquille de noix
sans risque de se noyer.
Aussi avons-nous préféré
le pêcher.

– Pourquoi ? demanda Nid-de-Koala.
– Pour pêcher, ce qui est vital, au bord de la mer. Aussi pratiquons-nous la pêche à la ligne. Je crois bien qu'avant tous les autres, nous avons été les pommiers à avoir introduit cette technique sur cet îlot dessert.
Le repas qui suivit fut délicieux et servi tout près du port sur un gâteau de pêche.
– Mon projet a porté ses fruits, se félicita Motordu.
Nous n'avons connu aucun pépin.
Reposons-nous et, demain matin, nous filerons d'ici sans nous presser, promit-il en avalant un dernier verre de jus de fuite.

Au-dessus d'un autre océan, le prince de Motordu profita du temps très calme pour en approcher la surface.
– J'entends comme des petits cris, nota la princesse Dézécolle. C'est très mélodieux !
– Une vraie musique, approuva Marie-Parlotte.
Nid-de-Koala eut tôt fait de remarquer à tribord de grands animaux marins.
– Des orques, cria Motordu ! Elles donnent un concert.
– Un concert d'orques ! Quelle merveille ! Je vais m'approcher plus bas pour qu'on les entende plus haut.
Toute la famille écouta religieusement le concert puis les orques disparurent subitement, rejoignant baleines et cachalots dans les profondeurs de l'océan.
– Tout de même, quelle belle fugue, j'ai pris des notes, conclut Marie-Parlotte tandis que le bras long reprenait de l'altitude.

Un autre jour, alors que les deux enfants faisaient la sieste, les exclamations de leur mère leur fit ouvrir les yeux :

– Vite, vite, regardez, des oiseaux migrateurs !

Elle croisa les mains sur sa poitrine et déclama :

– Le ciel était gris de nuages, il y volait des doigts sauvages…

Le prince de Motordu reconnut que son épouse avait vu juste :

– Les doigts sauvages fuient l'hiver. Direction le sud !

– Oui, ces oiseaux s'y dirigent les œufs fermés, assura Nid-de-Koala, il y va de la survie de leur espèce.

Plus loin, d'autres créatures ailées croisèrent le bras long mais, de petite taille, elles semblaient difficiles à identifier.

– Peu importe, se satisfit Marie-Parlotte, elles iront d'elles-mêmes en Afrique.

– Iront… iront… hirondelles, hirondelles, même comportement. Ce sont des hirondelles, fit le prince en se tapant le front. Suis-je bête de ne pas y avoir pensé plus tôt !

La nuit était tombée depuis longtemps. Les deux enfants du prince de Motordu dormaient sous les chaudes ouvertures par lesquelles ils étaient passés pour pénétrer dans leurs rêves.

Leur père et la princesse Dézécolle veillaient.
Motordu aperçut alors une île faite de millions de petits points lumineux.
– Je me reconnais ! C'est Paris !
Paris, Île lumière, comme on dit !
N'entendez-vous pas les aboiements ?
Les aboiements des Parichiens et des Parichiennes !
– Oh, mon adorable fou, rappelez-vous, c'est ici que nous avons passé notre voyage de gosses.
– Je me souviens parfaitement, protesta Motordu, surtout du lit de la Seine, un joli lit.
Même que nous avions déjà, en le faisant, prénommé Lili notre premier enfant.
Mais, par la suite, nous l'appelâmes Marie-Parlotte. Ça lui allait mieux.
Et le prince et la princesse s'embrassèrent tendrement sous la course folle d'étoiles vivantes en provenance de lointaines planètes mortes.

Une des étapes les plus remarquables du voyage en bras long fut l'arrivée de la famille Motordu en Mongolie, un pays lointain, immense, qui prenait une bonne part de la tarte de géoravie. Très vastes prairies, montagnes bleues, rivières scintillantes et claires rendaient les enfants naturellement gourmands ! L'atterrissage eut lieu près d'un village dont les habitants avaient le visage comme recouvert d'une étonnante poudre jaune pâle.

– Ce sont des pommades, chers enfants, assura le prince.

Leur vie errante se passe à suivre d'immenses troupeaux.

Les Motordu furent accueillis avec beaucoup d'égards.

– Merci pour votre hospitalité, répondit Nid-de-Koala, mais je trouve que vos maisons sont bizarres.
– Peut-être à vos yeux, reconnut le chef de la tribu. Ce sont des tentes, mais différentes de celles des Indiens. Nous, appeler ça : yourtes. Il y a yourtes aux fruits, il y a yourtes à la famille, très grandes, et il y a yourtes nature, faites de perches de bois et de peaux de bêtes : chameaux, bœufs…
– Et des cheveux aussi ! s'enthousiasma Marie-Parlotte.
Passionnée d'équitation, elle avait tout de suite repéré d'immenses troupeaux de cheveux sauvages. Bonne cavalière, elle passa de très bons moments sur le dos de quelques-uns, bien sûr domestiqués, les conduisant même jusqu'à la rivière, pour les peigner.
À son retour, elle remarqua l'air embarrassé du prince :
– Tu te fais du souci, Papa ?

– Oui, ma fille, je viens d'inspecter notre bras long et j'ai constaté qu'il ne restait presque plus de P-Troll. Tout juste assez pour revenir chez nous. Il faut absolument économiser ce précieux carburant. Mais ne vous inquiétez pas ! Des vents favorables nous pousseront jusqu'à notre lointain chapeau.

Avide de bons souvenirs, Nid-de-Koala fouilla dans son sac pour en extraire un minuscule appareil :
– Tu vois, expliqua-t-il à un jeune Mongol, la boîte capte la lumière qui rentre à l'intérieur et ressort sur le petit écran. Cela s'appelle un appareil photo-lumièrique. Clic ! Tu vois, ça marche !
Son nouveau copain sourit puis courut vers sa yourte aux fraises.

– Je crois que je l'ai épaté, confia Nid-de-Koala à sa sœur.
Le garçon revint bientôt, tenant à la main une petite boîte à peine différente de celle du jeune voyageur.
Nid-de-Koala rougit un peu et l'autre garçon éclata de rire devant la petite jalousie de Nid-de-Koala :
– Toi vouloir épater moi, mais toi, ami lointain et inconnu, à présent tu m'es devenu cher, appâté par ma caméra !

Le prince de Motordu, la princesse Dézécolle et leurs deux enfants prirent congé de leurs nouveaux amis avec qui ils échangèrent leurs adresses, puis ils s'envolèrent.

Le voyage de retour se passa très bien et le prince annonça bientôt, par message radio, l'arrivée prochaine de la fabuleuse expédition.

Dans les derniers moments du vol il eut la surprise de voir d'autres engins accompagner son vaisseau :

– Super, il y a même des bras longs de foot et de rugby ! applaudit Marie-Parlotte.

– Et voilà, fit le prince en sautant à terre. Nid-de-Koala, qu'est-ce que tu fais avec l'encre ?

– Débrouille-toi tout seul, Papa, je l'emmène au chapeau ! Je vais avoir besoin de beaucoup d'encre pour fixer sur un cahier le récit de nos aventures. Et, naturellement, je vais prendre… ma plus belle plume ! Ne sommes-nous pas devenus un peu des oiseaux ?

Et ce qu'il raconta, vous venez de le lire.

Motordu et Rikikie

C’était au cours d’une promenade.
Le soleil vrillait dans
le ciel pour y faire un trou
de feu dans le bleu.

En marchant, le prince de Motordu
s'aperçut que la taille des cailloux du chemin
gênait ses pas. Ces cailloux, il fallut d'abord
les enjamber puis les escalader.
– Bazar bizarre, s'étonna Motordu,
je me promène souvent par ici
mais je n'avais jamais remarqué
cet éboulis géant.

À genoux et en sueur sur
un de ces cailloux devenus rochers,
il se trouva nez à nez…

… avec un insecte géant, quasiment gênant, chevauché par une petite fille :
– Oh ! la magnifique coccibelle, je n'en avais encore jamais rencontré une de cette taille !

– Bonjour, mon petit, fit l'étrange cavalière !
– Montez vite derrière moi, l'endroit n'est pas sûr. C'est plein de fourbis, par ici !

En effet, des fourbis de toutes sortes leur coupaient la route, transportant brindilles, insectes morts et même leurs propres œufs.

– Fourmidable ! Monstrueux, s'exclama Motordu, mais… vous parlez tordu, vous aussi !

– J'ai appris ce beau langage dans vos livres. D'ailleurs, il était inutile de vous présenter. Je vous avais reconnu. Moi, on m'appelle Rikikie. Vous êtes toujours prince mais vous avez rétréci.

– Rétréci ? Moi ? Mais pourquoi donc ?

– Je vous expliquerai plus tard. Attention !

– Un vol de briquets !
Heureusement, ils sont éteints !

Plus loin, en sautant maladroitement du dos de la coccibelle, il fit pivoter un petit rocher derrière lequel une voix caverneuse se fit entendre :

– La porte ?

– La porte !

– Quelle porte ?

– J'ai dit : la porte !

Un nouvel insecte géant était tapi dans l'ombre mais Rikikie rassura son passager :

– C'est un clôt-porte. Il n'est pas dangereux, il a seulement horreur de la lumière mais, terriblement distrait, il oublie toujours de clore ses portes. Ah ! au fait, combien mesurez-vous ?

– Mais enfin, miss Rikikie, expliquez-moi, serais-je en train de rêver ? Et votre coccibelle, est-elle à six, douze ou quatorze points. Installé comme je suis, je ne les vois pas tous.
– C'est un modèle quatre-quatre poings, très très utile pour se déplacer en terrain accidenté ! À la vue d'un âne-thon qui se balançait à l'extrémité d'une herbe, le prince de Motordu regretta de ne pas avoir emporté son appareil photo.
– Au fait, s'inquiéta Rikikie, combien mesurez-vous ?

– Euh ! je ne sais plus très bien. Depuis que je ne vais plus à l'école, je n'ai plus de mètre. Ni de maîtresse, d'ailleurs.
Rikikie haussa les épaules :
– Je ne vous demande pas votre taille réelle mais celle que vous avez dans vos livres, en images, sur papier, quoi !
– Entre deux et dix centimètres, répondit tristement le prince. Parfois même beaucoup moins. Comme… euh… comme moi, maintenant. Mais, pourquoi cette question ?
– Vous le saurez assez tôt, le convainquit Rikikie. Poursuivons.
Quoique fort occupé à se demander qui pouvait-on bien poursuivre, Motordu perçut, au-dessus de lui, un violent courant d'air.
– Quel vent !

– Mais non, le contredit Rikikie, ce ne sont que les battements des ailes d'un bon vieux papi-lion géant. Remarquez bien la couleur fauve de celui-ci. Ne craignez rien. À cet âge un papi-lion ne dévore plus personne. Il lui manque tellement de dents qu'il se contente du sucre des fleurs et n'attrape donc que des caries. C'est désormais son seul plaisir. Adieu, les bonnes escalopes d'antilope à faire réchauffer dans sa gazelle !

– J'ai une petite soif, tout à coup, à vous entendre parler de désert. Une petite glace serait la bienvenue, non ? hasarda le prince de Motordu.

– Patience, les marécages que nous traversons sont infestés de loustics toujours avides de festin, avertit Rikikie.

– Qu'ils aillent piquer une tête dans leur vase, de nuit comme de jour, mais surtout pas la mienne !

– Vous oubliez leur taille, mon prince. J'en entends un !

Motordu chercha à s'abriter sous sa cape.

Trop tard,
un drôle de loustic
lui tournait autour.
Motordu lui fit
une telle grimace
que le loustic éclata de rire :

– Ah, ah, ah ! assez,
je n'ai même plus la force
de vous piquer, vous me faites
bien trop marais !

Et, tel un avion en perdition, le loustic
alla s'abîmer dans l'eau boueuse.
– Vous êtes une vraie bombe antiloustic,
cher prince, sourit Rikikie.
– J'ai surtout soif, insista Motordu !

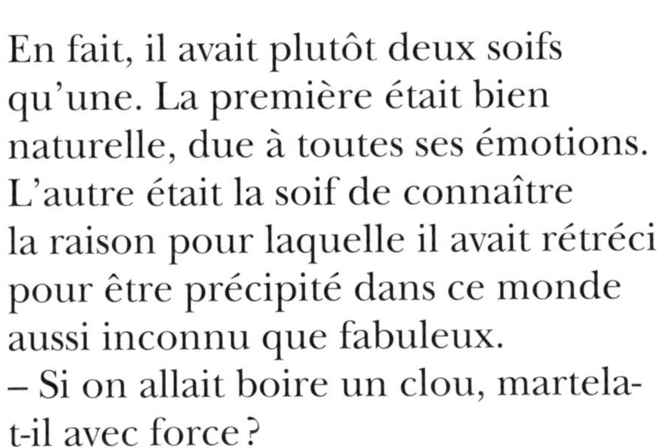

En fait, il avait plutôt deux soifs qu'une. La première était bien naturelle, due à toutes ses émotions. L'autre était la soif de connaître la raison pour laquelle il avait rétréci pour être précipité dans ce monde aussi inconnu que fabuleux.

– Si on allait boire un clou, martela-t-il avec force ?

La coccibelle fut enfin dirigée vers un petit café tranquille tenu par une menthe religieuse d'un vert rafraîchissant. Ses deux hôtes commandèrent un grand ver d'eau, tandis que, de son côté, l'insecte porte-bonheur choisit une salade de feuilles de rosier assaisonnée de puces rondes.

– Allez-vous enfin répondre à mes questions, supplia Motordu en trinquant avec Rikikie ?

Pour toute réponse, la petite fille siffla entre ses doigts :
– Regardez, prince, j'ai fait venir pour vous les petits héros des histoires pour nous, les enfants. Ils sont presque tous là : le Petit Prince, le Petit Nicolas, les trois petits cochons, petit bleu et petit jaune, la Petite Sirène et même le petit Motordu que vous connaissez comme vous-même. En devenant minuscule vous avez pu mesurer combien, pour eux comme pour vous, le monde peut être dangereux. Leur vie de papier
est très fragile. Ils ne deviennent jamais assez grands pour se débrouiller tout seuls. C'est pourquoi ils trouvent refuge dans la tête des enfants qui ont pour mission de les protéger. Voilà pourquoi vous êtes ici avec moi.
– Mais, vous Rikikie, qui êtes-vous vraiment ?
– J'ai lu les histoires de tous ces personnages, les vôtres aussi. Je m'y suis plongée pour veiller sur ce petit monde. Un jour, j'aurai tellement lu que je serai devenue grande. Alors, un autre enfant viendra qui vous protégera…
Le prince de Motordu était ému aux larmes :
– Mini-Rikikie, vous êtes désarmante ! Mais me voilà rassuré. Cependant, j'aimerais bien revenir dans le monde des grandes personnes…

– Écoutez, prince, les grandes terres sonnent et résonnent…
– Vous avez raison, j'entends d'énormes bruits de pas !
– Ah ! ce que les géants peuvent être désagréables. Toujours prêts à vous écraser, prédit Rikikie.
– Attendez, on m'appelle, on me cherche ! Cette voix, si chaude, c'est celle de ma flamme, la princesse Dézécolle !
– Ça va, j'ai compris, admit Rikikie. Il faut donc nous quitter. Eh bien ! qu'attendez-vous ? Rejoignez-la ! Adieu !

Et la coccibelle déplia ses ailes pour s'envoler, tel un hélicoccibel.

Le prince de Motordu sentit
une larme couler sur ses joues,
ce qui lui donna l'idée de rouler
une feuille de marguerite
pour en faire un porte-voix :
– Attention, ma chérie, je suis là,
à vos pieds !
La princesse n'en fut pas autrement
surprise. Son mari l'aimait tellement
qu'il passait effectivement la moitié
de sa vie à ses pieds.
Cependant :
– Mais où êtes-vous ? Je ne vous
vois pas !
– Si vous aviez une loupe,
vous ne pourriez pas me louper,
plaisanta le prince.
La princesse le rassura :
– Pas de souci, quand j'observe
la nature, j'ai toujours sur moi
une chaloupe de sauvetage
pour voir pousser le gros marin
ou le thym. Quelle odeur,
quel bonheur !
– Penchez-vous ! Je suis las,
près de votre chaussure gauche.
– Enfin je vous aperçois !
Comme vous êtes loin !
s'étonna la princesse.
– Oui, je suis loin, mais aussi
tout près si vous regardez
dans la chaloupe.

Vous me saisissez ?
Je vais m'y agripper. Tirez-moi, étirez-moi de là !
La princesse Dézécolle souleva délicatement sa loupe :

– Aïe ! grimaça le prince, on ne m'avait jamais encore tiré dessus, ne me loupez pas !
Lorsqu'il eut repris sa vraie grandeur, la princesse pouffa :
– Vous avez retrouvé votre taille mais pas votre épaisseur, j'ai dû trop vous étirer.
Je crains que votre vie ne tienne qu'à un fil.
Parlez, vous faites une de ces bobines !
Que vous est-il donc arrivé ?

– Je ne sais pas, je ne sais plus, fit Motordu avec un mince filet de voix au bout du fil. Un accident du travail, peut-être. Quand on est un héros de livre pour la jeunesse, pour petits, donc, à vouloir toujours s'adresser à eux, on oublie de grandir, paraît-il. C'est ce que j'ai cru comprendre.

– Mais c'est parfait, minauda la princesse en cherchant coquettement son reflet dans la chaloupe de sauvetage de son mari. Grandir, c'est vieillir, non ? Alors ?

– Alors, en voulant rester fidèle à son image, on prend la taille minuscule de nos images. Parole de Rikikie !

– De qui ?

– Rikikie, une créature qui se promène à dos de coccibelle avec la Petite Sirène et le Petit Nicolas !

– Mon pauvre époux !
– Pauvre et pou, se désola Motordu. D'où je viens je ne suis qu'un héros taille zéro.
– Que faire ? s'interrogea la princesse. Vous ne semblez pas avoir toute votre tête. Pourtant, je l'aimais tant, cette tête, si tendre, si mal mal coiffée !
À peine avait-elle achevé cette phrase que la tête de son mari reprit sa taille normale, précipitant en avant son propriétaire déséquilibré.
– Tâchez de vous redresser, mon prince ! Redressez-vous, en tombant vous allez tacher cette belle cape qui vous donne si bel air de fête sur les épaules !
Instantanément, les épaules princières reprirent fière allure.
– Continuez, s'extasia Motordu, remplumez mon corps beau !

– Ce que j'aime aussi en vous, poursuivit son épouse, c'est votre appétit. Plus qu'un estomac, vous possédez une vraie maison à ventre !

– Je ne puis que vous louer pour ces bonnes paroles, se réjouit encore le prince en se caressant le nombril. Je suis redevenu à moitié normal.

– J'ai toujours admiré vos jambes de couleur à pied, vêtues de bleu, et vos infatigables chenilles !

– Et voilà le travail ! Merci, ma douce !

– Qui vous parle de travail, protesta la princesse. Pour moi, il ne s'agissait que d'amour. Bienvenue chez les grands !

– Et mes petits ? Je veux dire : et mes enfants ? Où sont-ils ? Ha ! les voilà !

– Papa, Papa, crièrent en chœur
Marie-Parlotte et son frère,
le petit Nid-de-Koala. Nous aussi,
on te cherchait partout.
Où étais-tu donc passé ?
– Hum, hum !… marmonna leur père.
– Parti faire un tour en coccibelle
quatre-quatre, répondit la princesse.
– Fantastique, passionnant ! Raconte,
Papa, assieds-toi dans l'herbe !
– Surtout pas, je préfère une bonne
petite marche à pied, d'un pas léger.
Ah ! au fait, mes enfants, dites-moi
franchement, me croyez-vous sot,
en auteur de vos jours et, surtout,
en petit héros d'histoires pour enfants ?

– Mais non, lui répondirent ses petits,
tu es un géant qui nous fait rire
en mettant tout le monde dans
ta poche !
Alors le prince de Motordu fouilla
toutes les siennes, histoire de vérifier,
après ce qui venait de lui arriver,
qu'elles étaient vides. Qu'aucun
petit habitant du monde
d'en bas ne s'y trouvait.
On ne sait jamais !

Mis en couleurs
par Geneviève Ferrier

Maquette : Laure Massin

ISBN : 978-2-07-066088-9

Numéro d'édition : 337729
Loi n° 49-956 du 16 juillet 1949
sur les publications destinées à la jeunesse
Premier dépôt légal : octobre 2014
Dépôt légal : juin 2018
Imprimé en Italie par CL Zanardi

Dans la même collection

Les 30 plus belles histoires pour les tout-petits

Les plus belles histoires pour les enfants de 3 ans

Les plus belles histoires pour les enfants de 4 ans

Les plus belles histoires pour les enfants de 5 ans

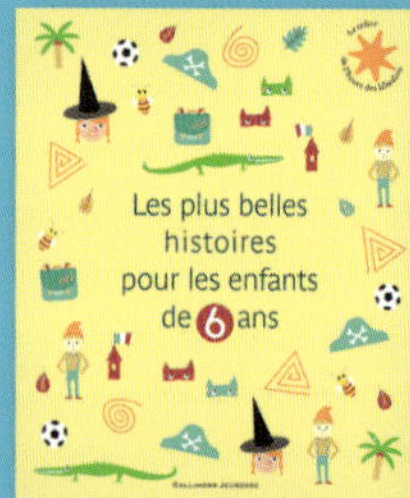
Les plus belles histoires pour les enfants de 6 ans

Les plus belles histoires pour l'école maternelle

Les 15 plus belles histoires pour les petites filles

Les 15 plus belles histoires pour les petits garçons

Les 15 plus belles histoires de princes et de princesses

Les 20 plus belles histoires à lire le soir

Les 15 plus beaux contes pour les enfants

Les 25 plus belles histoires de Noël

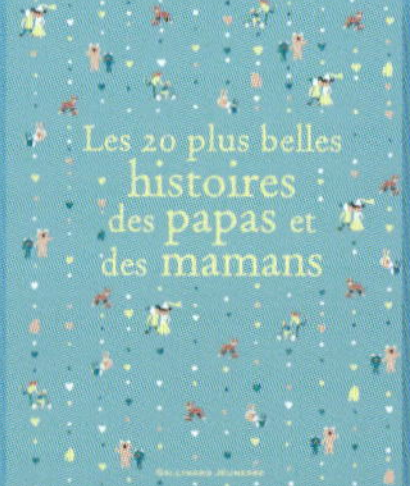
Les 20 plus belles histoires des papas et des mamans

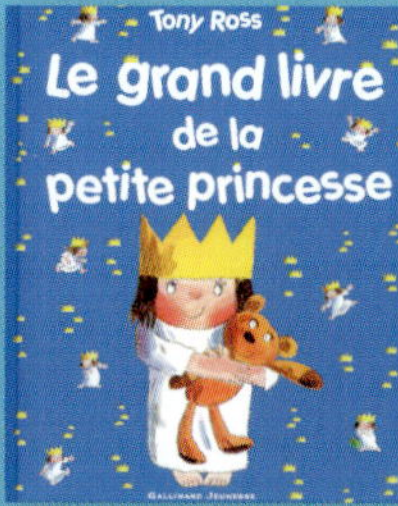
Le grand livre de la petite princesse

Le trésor de l'enfance

Le grand livre de contes de Gallimard Jeunesse

Les 40 plus belles comptines et chansons

Les 30 plus belles chansons françaises